L b 185.

LA VÉRITÉ QUAND MÊME !!

PREMIÈRE LETTRE

A MONSIEUR LE MARÉCHAL

Cte GÉRARD,

MINISTRE DE LA GUERRE,

SUR L'INDISPENSABLE NÉCESSITÉ DE PRENDRE AU PLUS TÔT UNE
DISPOSITION GÉNÉRALE ET SPÉCIALE QUI RASSURE LES OFFICIERS
ARBITRAIREMENT PRIVÉS DE LEURS GRADES PENDANT LES
ANNÉES 1814, 1815 ET 1816;

ACCOMPAGNIE

DE DEUX MOTS SUR LA GLORIEUSE SEMAINE PARISIENNE
DE JUILLET 1830.

PAR M. J. MARTIN-SIMÉONIS,

Ancien Quartier-Maître-Trésorier.

L'honneur parle, il suffit.. ...

OCTOBRE 1830.

Paris, le 5 Octobre 1830.

Monsieur le MARÉCHAL,

Tandis que toutes les feuilles périodiques remplissent avec complaisance leurs colonnes d'éloquentes et officieuses plaidoiries en faveur de tous les fonctionnaires attachés au gouvernement qui précéda celui de 1814, et appuient leurs réclamations par d'énergiques apologies ; tandis que ces divers fonctionnaires trouvent, pour tout ce qui touche à leurs intérêts, d'ardens interprètes de leurs sentimens, veuillez permettre que sous la forme de simples lettres, et sans prétentions oratoires, je me rende auprès de vous l'écho de mes vieux compagnons d'armes, qui, comme moi, gémissent de se voir exilés depuis quinze ans des rangs de l'armée, alors qu'élevés dans les camps , il n'est aucun de nous qui ne puisse se glorifier d'avoir conquis ses grades et ses honneurs sur ces champs de bataille tant de fois abreuvés de notre sang.

Il appartenait sans doute à l'un de ces vétérans de nos armées, portés tantôt par la fortune , le plus souvent par la bravoure, au faîte de l'opulence et des honneurs, d'entreprendre la tâche que je me suis prescrite, et que je suivrai avec persévérance , parce qu'elle devient un devoir dans les conjonctures présentes ; mais puisque aucun de nos vieux généraux ne songe à élever la voix en faveur des victimes de 1815 et 1816 ; puisque ensevelis avec indifférence dans leurs somptueux hôtels , ou fastueusement enveloppés dans leur manteau ducal , aucun de ces nobles vétérans n'ose soutenir et revendiquer les droits méconnus de ces braves officiers qui étonnaient l'Europe , et dont la plupart ont été enlevés trop tôt à la défense de la patrie , il faut bien qu'enfin un obscur lieutenant de Moscou, lui aussi victime de l'arbitraire , prenne la plume , au nom de tous , pour démontrer que leurs droits sont demeurés et demeurent méconnus au mépris des termes de l'article 69 de l'ancienne Charte, et 60 de la Charte nouvelle. Il faut bien qu'il fasse valoir leurs légitimes prétentions , et qu'il appelle sur eux , Monsieur le Ministre, votre attention et votre justice, si l'on veut que la Charte et les droits de tous les citoyens soient désormais une vérité.

La Restauration contre-révolutionnaire de 1814, en brisant violemment l'ordre de choses établi, a fait un mal incalculable aux officiers supérieurs et subalternes des armées impériales. Je ne parlerai pas de ces Généraux, pour la plupart conservés ou honorablement retraités, et réintégrés dans l'armée peu de jours après notre glorieuse semaine parisienne; mais bien de ces braves officiers tant supérieurs que subalternes qui, en 1814, 1815 et 1816, ne manquèrent pas plus de délateurs que de Généraux Inspecteurs tout prêts à les évincer de leurs places, acquises pourtant, comme les leurs, au prix de longs et honorables services, et qui attendent encore que sans distinction, sans préférence aucune, et par une mesure générale et spéciale, il leur soit fait à tous une consciencieuse justice.

Depuis deux mois on a fait un pas rapide vers un nouvel ordre de choses; la France touche bientôt au terme d'une organisation complète dans la plupart des élémens qui composent son gouvernement, et les officiers de l'ancienne armée ne peuvent voir avec indifférence qu'on n'ait pas encore songé à leur sort à venir. Il est vrai de dire qu'une commission a été créée pour juger et apprécier leurs titres; mais elle ne saurait réunir tous les suffrages, si l'on considère que ses attributions sont limitées, et que, malgré toute la confiance qu'elle inspire d'ailleurs, l'expérience de tous les jours fait craindre qu'elle n'appuie fortement que les droits de ceux qui seront favorisés par de puissantes recommandations.

Et pourtant, Monsieur le Ministre, est-ce à dire que pour obtenir le redressement des griefs dont la plupart ne pourront manquer d'avoir à se plaindre, faute d'une disposition générale et spéciale qui nous concerne, il soit nécessaire, à l'imitation du chef de bataillon Simon-Lorrière, d'obséder de nos plaintes la tribune nationale, afin que justice nous soit rendue? Si c'est le dernier expédient auquel on veuille nous réduire, bien mieux vaut qu'on nous le dise, convaincus que nous sommes que si nous n'obtenons pas, par l'intervention des Chambres, comme ce vétéran des pétitionnaires, l'avancement dont vous l'avez depuis peu rendu l'objet (1), nous devons au moins espérer que notre voix sera entendue de la France régénérée; pleins de confiance d'ailleurs dans ses bonnes dispositions à recueillir avec orgueil les restes glorieux de nos anciennes phalanges.

Les Chartes de 1814 et 1830 ont reconnu l'inamovibilité des juges, et cette promesse à leur égard a été religieusement observée(2). Pourquoi donc, en nous privant de nos grades, a-t-on violé envers nous ces mêmes Chartes qui maintiennent et sanctionnent tout ce qui existe ? La raison en est bien simple et à la portée du Maréchal de France comme du dernier sous-lieutenant de l'armée : c'est que ces Messieurs, qui avaient aussi leurs Maréchaux et leurs Généraux, ont trouvé parmi les leurs assez d'influence pour soutenir leurs droits avec fermeté; c'est qu'au lieu de ne présenter dans leurs rangs que des égoïstes, ou des hommes sans

---

(1) M. Simon-Lorrière est au nombre des officiers investis, en avril 1814, d'un grade (celui de colonel) dont il n'a obtenu la confirmation que depuis quelques jours, et après seize ans d'attente.

(2) Je ne préconise point la mesure : je cite un fait.

aucun courage civil, on les a vus à la tribune nationale, soit par leurs paroles, soit par leurs écrits, pro-
tester hautement contre la violation de leurs services
et de leurs droits ; on les a vus, quand il s'est agi de
leur enlever, *d'un seul coup de raquette*, le fruit de
leurs nobles travaux, monter à la brèche, et ne pas
craindre d'offusquer les Ministres, en leur disant en
face qu'à côté du Capitole ils avaient aussi la roche
Tarpéienne. C'est à ces imposantes paroles que ces
magistrats ont été redevables, alors comme aujour-
d'hui, d'être maintenus et reconnus inamovibles.

C'est en vain, Monsieur le Maréchal, que l'opinion
publique peut-être, que vous-même aussi, vous vou-
driez établir une différence entre de simples officiers
et des juges appelés à l'interprétation des lois ; mais
si le magistrat, comme l'a dit avec une sublime
franchise Monsieur le Premier à la Cour royale de
Paris, REND DES ARRÊTS ET NON PAS DES SERVICES,
est-il sans importance que des officiers qui ont versé
leur sang pour la patrie, et qui le prodigueraient encore les premiers si elle était en danger, soient écar-
tés et molestés quand ils invoquent aussi bien la lettre
que l'esprit de la Charte ? Non, Monsieur le Maréchal, non ; vous accueillerez nos réclamations sans
le concours de la puissance législative ; vous anéan-
tirez les décisions aussi arbitraires qu'odieuses de vos
prédécesseurs ; vous rentrerez enfin dans l'ordre légal
en rendant au soldat ce qui appartient au soldat, et
nous ne verrons plus désormais, dans toute la France,
d'autres officiers stigmatisés que ceux que leur incon-

duite, ou un jugement, aura condamnés à cette ré-
probation. C'est à ce signe, mais à celui-là seul, que
l'on reconnaîtra l'empire réel de la Charte, l'aboli-
tion des priviléges, et le règne de la loi.

Et pourquoi d'ailleurs, Monsieur le Maréchal, ne
nous serait-il pas permis de reconquérir nos anciens
grades, lorsque, indépendamment du petit sacrifice
qui en résulterait pour le trésor, à cause de la morta-
lité qui a décimé et qui décime encore chaque jour
les rangs de 1814, nous voyons nos anciens Généraux, les uns rappelés à leurs commandemens, les
autres élevés par acclamations sur le pavois ? Pourquoi donc abjurerions - nous nos légitimes prétentions, lorsque, si l'on descendait à vérifier les titres
de ceux qui ont été réhabilités avant nous, on ne
trouverait peut-être d'autre motif de préférence que
celui d'une faiblesse impardonnable dans des circon-
stances naguère critiques, alors qu'à l'heure même
du danger, il fallait payer de sa voix et de sa per-
sonne dans la glorieuse semaine parisienne? Les tièdes
et les indifférens, ceux même encore que les circon-
stances éloignaient du théâtre de la guerre, peuvent
bien s'extasier d'admiration devant les redondances
des journaux de cette époque sur la bravoure de nos
Généraux dans les mémorables journées, alors surtout
que *le Moniteur* les a confirmées par les plus écla-
tantes faveurs; mais pour tous ceux qui, comme moi,
ont fréquenté, dans le jour, les barricades de l'héroïque
insurrection, et dans la nuit *la réunion* soi-disant di-
rectrice, qui ne dirigeait pourtant rien, des rues Fau-

bourg-Poissonnière, d'Artois et Neuve-des-Mathu-rins (1) ; pour tous ceux, dis-je, qui ont vu de près l'embarras et l'hésitation de tous nos hommes de guerre jusqu'au 29 juillet, après l'enlèvement du château des Tuileries, lorsque l'*ennemi* avait aban-donné ce poste et que le découragement et la con-sternation étaient à Saint-Cloud, ainsi qu'on le savait au Gouvernement provisoire, puisque nous en étions informés à Paris par un émissaire que nous y avions dépêché, il restera bien démontré que nos Généraux ont songé à eux, mais à eux seuls, sans s'inquiéter des malheureux officiers abandonnés à leur sort de-puis 1814.

Auraient-ils pu croire, MM. les Généraux, que leur bravoure était inutile, que leur expérience aurait nui au succès de l'entreprise, qu'il n'y avait rien à diriger, comme on le croyait aussi, en effet, *à la réunion*, avec une troupe indisciplinée ? Mais qu'au-raient-ils à répondre si je leur disais que nous les attendions vainement dès le mercredi 28 juillet, et que le brave Frantzenberg, chef d'escadron, de glo-rieuse mémoire, et moi, nous maudissions leur éloi-gnement du péril, parce que nous étions convaincus

---

(1) Je m'aperçois ici que je suis injuste, et je me rappelle que le 28 juillet, en allant, en seconde ligne il est vrai, *à la réunion*, solli-citer hautement, mais sans succès, quelques chefs marquans de l'ar-mée, ne fût-ce qu'un Colonel en réputation, à défaut de Généraux, j'ai demandé *et obtenu*, pour mon neveu, de M. C. P., l'un des députés les plus importans, l'ordre, *par écrit*, qui lui était nécessaire pour se montrer avec confiance dans le 10e arrondissement de Paris, à la tête duquel sa bravoure, une intelligence supérieure, et les événemens l'avaient placé.

que la présence d'hommes de guerre, en crédit ou en réputation, aurait décuplé nos forces et enfanté des héros ? Qu'auraient-ils à répondre encore si j'ajoutais que, quelque prompte qu'ait été la victoire, nous l'aurions saluée vingt-quatre heures plustôt ; que nous aurions ainsi ajouté aux prodiges qui étonnent l'Europe; que nous aurions sauvé les jours d'un grand nombre de braves, victimes généreuses d'un dévouement héroïque, et que pleurent aujourd'hui leurs concitoyens, leurs parens, leurs amis et leurs mères !!....

Mais, direz-vous peut-être, Monsieur le Maréchal, comment satisfaire à toutes les exigences d'une demi-douzaine d'armées qui se sont succédées depuis les désastres de la Bérésina, que je bravai comme tant d'autres, jusqu'à celles de la chouannerie, qui se disent, comme nous, impeccables, depuis que quinze années de légitimité ont légitimé leurs titres sur les contrôles élastiques et complaisans de la guerre ? A cela je réponds : le moyen que je vais signaler est encore à la portée de toutes les intelligences. Daignez jeter tant soit peu vos regards en arrière : vous verrez que les trois cents Spartiates de M. de Villèle, dans la vue assurément intéressée d'indemniser largement les prétendues victimes de notre première résurrection, accordèrent un milliard d'indemnité, c'est-à-dire cent millions de plus environ qu'il ne fallait, pour restaurer les hommes de l'émigration. Si vous doutiez de mon assertion, il vous sera facile, Monsieur le Maréchal, de prendre des renseignemens auprès de votre Collègue des finances, et vous apprendrez de lui, bien que les faits soient étrangers à sa gestion, qu'aujourd'hui même encore quatre-vingts millions de *fonds*, dits *communs*, sont enfouis dans la rue de Rivoli, en attendant non point peut-être les ayant-cause à ladite indemnité, suivant les termes exprès de la loi qui la leur confère, mais bien les complaisantes recherches des hommes qui étaient chargés de la distribuer, lesquels, soit pour prolonger la durée de leur gestion, soit pour tout autre motif, s'évertuaient à déterrer, avec beaucoup de peine, les parties appelées, suivant eux, à participer à la curée nationale.

Cette découverte, que mes vieux compagnons d'armes ignorent sans doute, les intéresse assez vivement pour que je la leur signale. C'est une ressource qui, noblement revendiquée par Votre Excellence à son Collègue des finances, mettrait le trésor de la guerre, sauf toutefois l'approbation des Chambres, dans un état de prospérité dont vous ne sauriez faire un plus noble usage qu'en la consacrant à la réparation des griefs de la Restauration envers les braves officiers de Cadix, de Wagram et de la Moskowa, victimes délaissées depuis quinze ans par la trahison la plus révoltante.

Les peuples, Monsieur le Maréchal, et certes il est temps enfin qu'on leur fasse une part, aiment en général tout ce qui présente une idée de stabilité; ce n'est qu'à ce genre d'institutions qu'ils accordent leur confiance. Mais, je vous le demande, la main sur le cœur, Monsieur le Ministre, quel crédit acquerra dans l'armée votre promotion tant désirée par nous tous, si les officiers de tous grades que vous appellerez à l'activité ont à redouter le caprice et l'arbitraire, qui n'appartiennent d'ordinaire qu'au bon plaisir? si chacun des capitaines de l'armée peut appréhender son éviction, sans que l'on consulte à cet égard les lois qui nous régissent (1)? Au contraire, par l'adoption de la mesure que je propose, ou toute autre équivalente, vous ramèneriez dans les esprits le calme et la sécurité; chaque officier reconnaîtrait la bonne foi du gouvernement et la bienveillance de ses intentions : il donnerait ainsi à tous les moyens de prévoir, de préparer et de calculer, dans un avenir éloigné, la retraite qui doit un jour assurer leur existence.

Voudrait-on, par hasard, m'opposer ces officiers qu'on surnomma avec tant de justesse les voltigeurs de Louis XIV, parce qu'ils réclamèrent et obtinrent en effet, en 1814, les mêmes grades que, suivant eux, ils auraient acquis si, au lieu de rester paisiblement au coin de leur feu pendant l'émigration, ou dans les rangs de la chouannerie, ou bien encore pendant leur service dans l'étranger et contre la France, ils avaient pendant ces vingt-cinq ans combattu dans nos rangs et couru nos dangers. Mais qu'on se rassure, cette comparaison, qui se présente au premier aspect, tombe

____

(1) Nous savons tous qu'une loi toute récente, du mois d'août 1830, vient d'assurer à jamais les droits imprescriptibles des officiers de l'armée; mais cette même loi n'a-t-elle pas toujours existé? Si l'on y transgresse une fois, contrairement au pacte fondamental, ne doit-on pas craindre, en écartant nos justes réclamations, que l'on ressuscite ce dangereux précédent toutes les fois que le bon plaisir voudra l'invoquer?

bientôt devant la réflexion. D'abord quinze ans ne sont pas vingt-cinq. Ensuite il est probable qu'un grand nombre de nos officiers de Waterloo ne suivront pas l'exemple des voltigeurs que nous venons de citer, et cela parce qu'ils n'ont pas, dans le cours de leur proscription, reçu comme eux des secours mendiés à l'étranger; parce qu'au contraire ils sont restés dans la patrie; parce qu'ils s'y sont créé des ressources, parce qu'ils y ont formé des alliances, parce qu'ils y ont fondé des établissemens, existence positive à laquelle ils se garderont bien, pour la plupart, de renoncer aujourd'hui. Mais qu'on nous tienne compte au moins de notre réserve et de notre discrétion dans cette conjoncture; que, par une disposition toute spéciale, on nous rende nos grades, honneurs, pensions acquises conformément à cette Charte protectrice, notre véritable palladium. Que le temps qui s'est écoulé depuis notre radiation des contrôles de l'armée jusqu'à présent nous soit compté comme service actif; que ceux qui, parmi nous, seraient aptes encore à prendre du service, soient réhabilités dans les cadres de l'armée nationale; que les autres obtiennent le traitement de disponibilité jusqu'à l'époque de leur admission à la retraite; que ceux enfin qui ont le temps voulu pour cette retraite la reçoivent conformément au tarif actuellement en vigueur, et chacun de nous bénira le gouvernement réparateur de tant et de si criantes injustices.

Nous avons sur le trône un Roi-Citoyen qui vient d'adopter toutes les gloires françaises. Il n'oubliera pas plus ses enfans d'Austerlitz qu'il n'a méconnu ses compagnons d'armes de Jemmapes, et si sa mémoire lui était infidèle, toute l'armée vous sait auprès de lui, Monsieur le Maréchal, pour lui rappeler l'adresse que nous lui avons naguère présentée, empreinte d'un ardent amour et d'une profonde admiration pour son patriotisme. Vous lui diriez que nous attendons encore la réparation de quinze ans d'humiliations, qui furent, par l'instigation des implacables ennemis de notre gloire, le prix unique de notre sang versé pour la patrie.

L'austérité de ce langage a quelque chose, je le sais, qui ne plaira pas à tout le monde; mais quiconque signe ses écrits a le droit de parler avec indépendance. C'est surtout à ceux qui ont mis la main à l'œuvre, pour seconder le triomphe de la liberté sur celui du despotisme, qu'il appartient de faire respecter ce qui est respectable; et, grâces à Dieu, nous n'en sommes pas, sous un Roi honnête homme, sous un Ministre consciencieux, à soupçonner des arrière-pensées. Mais cependant les bruits les plus étranges circulent, gagnent et se fortifient de proche en proche: on dit, Monsieur le Ministre, que quelque vigilante, quelque scrupuleuse que soit votre administration, il n'est pas étonnant que vous restiez, malgré vous, étranger à quelques détails de bureaux. La commission, d'ailleurs honorable, que vous avez nommée pour examiner les réclamations des officiers de l'ancienne armée, qui croient avoir été injustement privés de leurs grades, aurait bien mieux atteint le but que vous vous proposez si, indépendante des influences bureaucratiques, elle recevait directement nos réclamations ; car qui d'entre nous ne sait que l'action de cette commission dépend uniquement de celle des bureaux, et qu'il n'y ait à craindre que ceux-ci ne tardent à lui renvoyer ces réclamations, ou même ne les envoient pas du tout, quand c'est sur leur proposition que l'injustice avait été commise, le bienfait devient donc illusoire. Qu'on y prenne garde, Monsieur le Ministre ; quand on éloigne ou qu'on étouffe la plainte, on l'aigrit au lieu de la calmer.

Mais il n'en sera point ainsi, Monsieur le Marechal ; les vœux de l'ancienne armée, heureuse et fière aujourd'hui de vous avoir pour chef, et d'appartenir, par son plus beau côté, à un Roi-Patriote, l'ami et le défenseur du peuple Français, seront, nous en avons la confiance intime, promptement exaucés. Avez-vous, pour y parvenir, choisi un bon moyen ? Qu'on en juge par les résultats : l'examen de ces résultats fera l'objet de ma seconde lettre.

J'ai l'honneur d'être avec respect,

Monsieur le Maréchal,

Votre très-humble et très-obéissant serviteur,

J. MARTIN-SIMÉONIS.

ÉVERAT, IMPRIMEUR, RUE DU CADRAN, N° 16.